무량한 빛과
영원한 생명의 삶을 위한

극락정토 발원문

라가 아샤 지음

석 혜 능 편역

부다가야

청정한 이 극락정토 발원문을
탐착 없이 발원하고,
손으로도 열심히 쓰십시오.

많은 이들에게 유익할 것입니다.
필요로 하는 이에게는 빌려주십시오.

이보다 더 큰 공덕은 없습니다.
이보다 더 심오한 구결은 없습니다.

이것이 모든 법의 근본입니다.
포기하지 말고 정진하십시오.

이것은 현교 전통이므로
구전을 받지 않아도 독송할 수 있는 발원문입니다.

자수刺繡로 조성한 무량광(아미타)부처님 탕카 (티베트 포탈라궁 소장)

극락정토 발원문

ཨེ་མ་ཧོ།

에마호

에마호!

འདི་ནས་ཉི་མ་ནུབ་ཀྱི་ཕྱོགས་རོལ་ན།།   གྲངས་མེད་འཇིག་རྟེན་མང་པོའི་པ་རོལ་ན།།

디네 니마 눕기 촉롤나   당메 직뗀 망뾔 파롤나

🏵 **여기서 해가 저무는 쪽으로**
   무수한 세간을 지나가면

|ཅུང་ཟད་སྟེང་དུ་འཕགས་པའི་ཡུལ་ས་ན།

쭝세 땡두 팍빼 율싸나

|རྣམ་པར་དག་པའི་ཞིང་ཁམས་བདེ་བ་ཅན།

남빠ㄹ 닥뾔 싱캄 데와젠

약간 높은 곳 성스러운 땅에
청정한 국토 평안한 곳 극락 정토가 있나이다.

|བདག་གི་ཆུ་བུར་མིག་གིས་མ་མཐོང་ཡང་།

닥기 추부ㄹ 믹기 마통양

|རང་སེམས་གསལ་བའི་ཡིད་ལ་ལམ་མེར་གསལ།

랑쌤 썰외 일라 람메ㄹ쌜

❀ 저의 육안(肉眼)으로는 보이지 않아도,
본래의 마음(마음의 본질)에 의식으로 그리면
선명하게 나타나나니

|དེ་ན་བཅོམ་ལྡན་རྒྱལ་བ་འོད་དཔག་མེད།

데나 쫌덴 걀와 외빡메

|པདྨ་རྭ་གའི་མདོག་ཅན་གཟི་བརྗིད་འབར།

뻬마 라게 독쩬 시지바ㄹ

그곳에 무량광 아미타 부처님 세존께서
붉은 연꽃 색으로 위엄을 빛내고 계시나이다.

ཁ་དང་གཙུག་ཏོར་ཞབས་ལ་འཁོར་ལོ་སོགས།། མཚན་བཟང་སོ་གཉིས་དཔེ་བྱད་བརྒྱད་ཅུས་སྤྲས།།

우라 쭉또ㄹ 샵라 콜로쏙   첸상 쏘니 뻬제 계쮜떼

정수리의 육계肉髻와 발바닥의 법륜 등
32상 80종호로 장엄되시고,

ཞལ་གཅིག་ཕྱག་གཉིས་མཉམ་གཞག་ལྷུང་བཟེད་འཛིན།། ཆོས་གོས་རྣམ་གསུམ་གསོལ་ཞིང་སྐྱིལ་ཀྲུང་གིས།།

셸찍 착니 냠샥 훙세진   최괴 남쑴 쐴싱 낄뚱기

한 얼굴 두 팔의 모습에 발우를 들고 계시며,
세 가지 법의를 입으시고 결가부좌 하신 채,

པད་སྟོང་ཟླུན་ཟླ་བའི་གདན་སྟེང་དུ།། བྱང་ཆུབ་ཤིང་ལ་སྐུ་རྒྱབ་བརྟེན་མཛད་དེ།།

뻬마 똥덴 다외 덴뗑두   장춥 싱라 꾸갑 뗀제데

천 잎의 연꽃 월륜좌에 앉으시고
보리수에 몸을 기대시어

།ཐུགས་རྗེའི་སྤྱན་གྱིས་རྒྱང་ནས་བདག་ལ་གཟིགས། །ཁྱབས་སུ་བྱང་ཆུབ་སེམས་དཔའ་སྤྱན་རས་གཟིགས།

툭제–쩬기 강네 닥라식   예쑤 장춥 쌤빠 쩬레식

자비의 눈으로 멀리서 저를 바라보시나이다.

오른쪽엔 하얀 몸의 관세음보살님께서

།སྐུ་མདོག་དཀར་པོ་ཕྱག་གཡོན་བདག་དཀར་འཛིན། །གཡོན་དུ་བྱང་ཆུབ་སེམས་དཔའ་མ་ཐུ་ཆེན་ཐོབ།

꾸독 까ㄹ뽀 착욘 뻬까ㄹ진   욘두 장춥 쌤빠 투첸톱

오른손에 백련을 들고
왼손에 시무외인을 하고 계시고,
왼쪽에는 푸른 몸의 대세지보살님께서

།སྟོན་པོ་རྡོ་རྗེས་མཆན་པའི་པདྨ་གཡོན། །ཁྱབས་གཉིས་སྐྱབས་སྟེ་ཕྱག་རྒྱ་བདག་ལ་བསྟན།

온뽀 도제 첸빼 뻬마욘   예니 깝진 착갸 닥라뗀

왼손에 금강저가 표시된 연꽃을 드시고
오른손에 시무외인을 하신 모습을
제게 보이고 계시나이다.

།གཙོ་བོ་གསུམ་པོའི་རྒྱལ་སྲུན་པོ་བཞིན། །ཁྱེད་དེ་ལྷུན་འི་ལྷམ་མེར་བཤུགས་པའི་འཁོར།

쪼오 쑴뽀 리걀 훈뽀신　　　항에 헨네 함메ㄹ 슉빼코ㄹ

🏵 세 분의 주존께서 수미산과 같이
　　선명하게 빛나시는 그 주변에는

།བྱང་ཆུབ་སེམས་དཔའི་དགེ་སློང་བྱེ་བ་འབུམ། །ཀུན་ཀྱང་གསེར་མདོག་མཚན་དང་དཔེ་བྱད་རྒྱས།

장춥 쌤빼 겔롱 제와붐　　　꾼꺙 쎄ㄹ독 첸당 뻬제겐

　　수천억 보살 비구들이
　　모두 황금빛과 상호로 장엄하고

།ཆོས་གོས་རྣམ་པ་གསུམ་གསོལ་ཞིང་སེར་སྒྲེལ་མེ། །མོས་གུས་ཕྱག་འཚེ་རིང་ཉུང་མེད་ཕྱིར།

최괴 남쑴 쐴싱 쎄ㄹ뗌메　　　뫼귀 착라 녜링 케메치ㄹ

　　세 가지 법의를 입고 있으니
　　황금빛이 찬란하나이다.

🏵 공경과 예배에는 멀고 가까움이 없사오니

བདག་གི་སྒོ་གསུམ་གུས་པས་ཕྱག་འཚལ་ལོ། །ཆོས་སྐུ་སྣང་བ་མཐའ་ཡས་རིགས་ཀྱི་བདག །

닥기 고쑴 귀뻬 착챌로　　최꾸 낭와 타예 릭기닥

제가 신 · 구 · 의 삼문三門**으로 제존**諸尊**께 공경히 예경하나이다.**

❀ **무량광부**無量光部**의 주**主**이신 법신 아미타불께서**

ཕྱག་གཡས་འོད་ཟེར་ལས་སྤྲུལ་སྤྲུལ་རས་གཟིགས། །ཡང་སྤྲུལ་སྤྲུན་རས་བརྗེགས་དགང་བྱེ་བ་བརྒྱ། །

착예 외세ㄹ 레뚤 쩬레식　　양뚤 쩬레 식왕 제와갸

오른손의 빛으로부터 관세음보살을 화현하시고, 다시 그로부터 백억의 관세음보살을 화현하시며

ཕྱག་གཡོན་འོད་ཟེར་ལས་སྤྲུལ་སྒྲོལ་མ་སྟེ། །ཡང་སྤྲུལ་སྒྲོལ་མ་བྱེ་བ་ཕྲག་བརྒྱ་འབྱེད། །

착욘 외세ㄹ 레뚤 돌마떼　　양뚤 돌마 제와 탁갸계

왼손의 녹색 빛으로부터 따라보살을 화현

하시고, 다시 그로부터 백억의 따라보살을
화현하시며

|ཐུགས་ཀྱི་འོད་ཟེར་ལས་སྤྲུལ་པདྨ་འབྱུང་། |ཡང་སྤྲུལ་ཨོ་རྒྱན་བྱེ་བ་ཕྲག་བརྒྱ་འགྱེད།

툭끼 외세ㄹ 레뚤 뻬마중   양뙬 오곈 제와 탁갸계

가슴의 빛으로부터 파드마삼바와 대사를
화현하시고, 다시 그로부터 백억의
오곈 대사를 화현하시나니

|ཆོས་སྐུ་འོད་དཔག་མེད་ལ་ཕྱག་འཚལ་ལོ། |སངས་རྒྱས་སྤྱན་གྱིས་ཉིན་མཚན་དུས་དྲུག་ཏུ།

최꾸 외빡 멜라 착챌로   쌍계 쩬기 닌첸 뒤둑뚜

법신이신 무량광 아미타 부처님께
예경하나이다.
🐾 부처님의 눈으로 밤낮 여섯 번

།སེམས་ཅན་ཀུན་ལ་བརྩེ་བས་ལྷག་ཏུག་གཟིགས། ་ ་ ་ །སེམས་ཅན་ཀུན་གྱི་ཡིད་ལ་གང་དྲན་པའི།

쌤젠 뀐라 쩨외 딱뚜식　　　쌤젠 꾼기 일라 강덴빼

일체 중생을 자비로 살피시고
중생의 마음에 떠오르는 모든 분별을

།རྣམ་རྟོག་གང་འགྱུ་ཧ་ཏུ་ཕྱགས་ཀྱིས་མཁྱེན། 　 །སེམས་ཅན་ཀུན་གྱིས་ངག་ཏུགང་སྨྲས་ཚིག །

남똑 강규 딱뚜 툭끼켄　　　쌤쩬 뀐기 악뚜 강메칙

항시 마음으로 모두 아시며,
중생이 업으로 말하는 모든 것을

།ལྷག་ཏུ་འདྲེས་སོ་སོར་སྙན་ལ་གསན། 　 །ཀུན་མཁྱེན་འོད་དཔག་མེད་ལ་ཕྱག་འཚལ་ལོ།

딱뚜 마데 쏘쏘ㄹ 녠라센　　　꾼켄 외빡 멜라 착챌로

항상 섞임 없이 각각으로 들으시는,
일체지자이신 무량광 아미타 부처님께
예경하나이다.

།ཚོས་སྤྱང་མཚམས་མེད་བྱས་པ་མ་གཏོགས་པ།   །སྐྱེད་ལ་དད་ཅིང་སྨོན་ལམ་བཏབ་ཆད་ཀུན།

🏵 법을 비방하고 오무간업을 지은 자 이외에
무량광 아미타 부처님을 믿고 발원하는
모든 이가

།བདེ་བ་ཅན་དེར་སྐྱེ་བའི་སྨོན་ལམ་གྲུབ།།   །བར་དོར་བྱོན་ནས་ཞིང་དེར་འདྲེན་པར་གསུངས།

극락정토에 태어나는 서원을 이루도록,
바르도[중음]에 오시어 인도하여 주기로 하신

།འདྲེན་པ་འོད་དཔག་མེད་ལ་ཕྱག་འཚལ་ལོ།   །ཁྱེད་ཀྱི་སྐུ་ཚེ་བསྐལ་པ་གྲངས་མེད་དུ།

인도자 무량광 아미타 부처님께 예경하나이다.
🏵 무량광 아미타 부처님의 수명은
무한 겁이시라,

｜སྐྱ་བ་མི་འདའ་བར་ལྷ་མཐོན་སུམ་བཞུགས།　　　｜ཁྱེད་ལ་རྩེ་གཅིག་གུས་པས་གསོལ་བཏབ་ན།

냥엔 민다 단따 왼쑴슉　　　켈라 쩨찍 귀빼 쏠땁나

반열반에 들지 않으시고 현재까지 계시므로,
당신을 일심으로 공경하고 기원하오면

｜ལས་ཀྱི་རྣམ་པར་སྨིན་པ་མ་གཏོགས་པ།　　　｜ཚེ་ཟད་པ་ཡང་ལོ་བརྒྱ་ཐུབ་པ་དང་།

레끼 남빠ㄹ 민빠 마똑빠　　　체세 빠양 로갸 툽빠당

업의 이숙과異熟果 외에는
수명이 다해도 백 년을 살게 되고,

｜དུས་མིན་འཆི་བ་མ་ལུས་བཟློག་པར་གསུངས།　　　｜མགོན་པོ་ཚེ་དཔག་མེད་ལ་ཕྱག་འཚལ་ལོ།

뒤민 치와 말뤼 독빠ㄹ쑹　　　곤뽀 체빡 멜라 착챌로

때 아닌 때 죽는 일이 없다 하셨나니,
보호주이신 무량광 아미타 부처님께
예경하나이다.

སྟོང་གསུམ་འཇིག་རྟེན་རབ་འབྱམས་གང་མེད་པ། རིན་ཆེན་གྱིས་བཀང་སྦྱིན་པ་བྱིན་པ་བས།

똥쑴 직뗀 랍잠 당메빠　　린첸 기깡 진빠 진빠외

🪷 광대무변 삼천세계를
　　보배로 가득 채워 보시하는 것보다

འོད་དཔག་མེད་པའི་མཚན་དང་བདེ་བ་ཅན། ཐོས་ནས་དད་པས་ཐལ་མོ་སྦྱར་བྱས་ན།

외빡 메빼 첸당 데와쩬　　퇴네 데빼 텔모 자ㄹ제나

　　무량광 아미타 부처님 명호와 극락정토를
　　듣고서 신심으로 합장하면,

དེ་ནི་དེ་བས་བསོད་ནམས་ཆེ་བར་གསུངས། དེ་ཕྱིར་འོད་དཔག་མེད་ལ་གུས་ཕྱག་འཚལ།

데니 데외 쏘남 체와ㄹ쑹　　데치ㄹ 외빡 멜라 귀착챌

　　그 복덕이 더욱 크다 하셨나니,
　　경외심으로 무량광 아미타 부처님께
　　삼문三門으로 예경하나이다.

ཀང་ཞིག་འོད་དཔག་མེད་པའི་མཚན་ཐོས་ནས། ཁ་ཞེ་མེད་པར་སྙིང་ཁོང་རུས་པའི་གཏིང་

강식 외빡 메빼 첸퇴네   카셰 메빠ㄹ 닝콩 뤼빼띵

🔹 누군가 무량광 아미타 부처님 명호를 듣고
    겉과 속이 다름없이 진심으로,

ལན་གཅིག་ཙམ་ཞིག་དད་པ་སྐྱེས་པ་ན། དེའི་བྱང་ཆུབ་ལམ་ལས་ཕྱིར་མི་ལྡོག

렌찍 쌈식 데빠 계빠나   데니 장춥 람레 치ㄹ미독

단 한 번이라도 믿음이 일어나면
그는 보리도에서 퇴락하지 않는다 하셨나니,

མགོན་པོ་འོད་དཔག་མེད་ལ་ཕྱག་འཚལ་ལོ། སངས་རྒྱས་འོད་དཔག་མེད་པའི་མཚན་ཐོས་ནས།

곤보 외빡 멜라 착챌로   쌍계 외빡 메빼 첸퇴네

보호주이신 무량광 아미타 부처님께
예경하나이다.

🔹 무량광 아미타 부처님의 명호를 들은 이후부터

ཁྱེ་དེའི་བྱང་ཆུབ་སྙིང་པོ་མ་ཐོབ་བར། ཁྱེ་བུད་མེད་མི་སྐྱེ་རིགས་ནི་བཟང་པོར་སྐྱེ།

데니 장춥 닝뽀 마톱바르 뷔메 미께 릭니 상뽀르께

위대한 깨달음[大覺]을 이룰 때까지
여인의 몸 받지 않고, 좋은 가문에 태어나며

ཚེ་རབས་ཀུན་ཏུ་ཚུལ་ཁྲིམས་རྣམ་དག་འགྱུར། ཁྱེ་བདེ་གཤེགས་འོད་དཔག་མེད་ལ་ཕྱག་འཚལ་ལོ།

체랍 뀐뚜 출팀 남닥규르 데셱 외빡 멜라 착챌로

세세생생 청정계율에 머물게 된다 하셨나니,
선서이신 무량광 아미타 부처님께
예경하나이다.

ཁྱེ་བདག་གི་ལུས་དང་ལོངས་སྤྱོད་དགེ་རྩར་བཅས། ཁྱེ་དངོས་སུ་འབྱོར་བའི་མཆོད་པ་ཅི་མཆིས་པ།

닥기 뤼당 롱쬐 게짜르째 외쑤 조르외 최빠 찌치빠

저의 몸과 재물 그리고 모든 선근과
실제로 준비한 모든 공양물,

ཡིད་སྤྲུལ་བཀྲ་ཤིས་རྟགས་རྒྱས་རིན་ཆེན་བདུན། ཁགཏོད་ནས་གྲུབ་པ་སྟོང་གསུམ་འཛིན་རྟེན་གྱི།

이뚤 따시 제딱 린첸뒨   되네 둡빠 똥쑴 직땐기

마음으로 화현한 길상물과 칠보,
삼천대천세계의 사대주,

གླིང་བཞི་རི་རབ་ཉི་ཟླ་བྱེ་བ་བརྒྱ། ལྷ་ཀླུ་མི་ཡི་ལོངས་སྤྱོད་ཐམས་ཅད་ཀུན།

링시 리랍 니다 제와갸   할루 미이 롱쬐 탐쩨꾼

수미산과 백억의 해와 달
천신 · 용 · 인간의 모든 재물들을

བློ་ཡིས་བླངས་ཏེ་འོད་དཔག་མེད་ལ་འབུལ། བདག་ལ་དཔེན་ཕྱིར་ཐུགས་རྗེའི་སྟོབས་ཀྱིས་བཞེས།

로이 랑떼 외빡 멜라불   닥라 펜치ㄹ 툭제 똡끼셰

무량광 아미타 부처님께 공양 올리옵나니,
저를 위해 자비의 위신력으로 받아주소서.

|ཕ་མས་ཐོག་དྲངས་བདག་སོགས་འགྲོ་ཀུན་གྱི།

파메 톡당 닥쏙 도뀐기_

|ཐོག་མ་མེད་པའི་དུས་ནས་ད་ལྟའི་བར།

톡마 메빼 뒤네 단데바ㄹ

🌸 부모님과 저와 일체 중생이
무시 이래로 지금까지,

|སྲོག་བཅད་མ་བྱིན་ལངས་དང་མི་ཚངས་སྤྱོད།

쏙쩨 마진 랑당 미창쬐

|ལུས་ཀྱི་མི་དགེ་གསུམ་པོ་མཐོལ་ལོ་བཤགས།

뤼기 미게 쑴뽀 톨로샥

살생과 도둑질과 사음한
몸의 세 가지 악업을 참회하나이다.

|རྫུན་དང་ཕྲ་མ་ཚིག་རྩུབ་ངག་འཁྱལ་བ།

준당 타마 칙쭙 악켈와

|ངག་གི་མི་དགེ་བཞི་པོ་མཐོལ་ལོ་བཤགས།

악기 미게 시뽀 퇼로샥

🌸 거짓말, 이간질, 거친 말, 쓸데없는 말 등
말로 지은 네 가지 악업을 참회하나이다.

།བཀུལ་སེམས་གནོད་སེམས་ལོག་པར་ལྟ་བ་སྟེ།   །ཡིད་ཀྱི་མི་དགེ་གསུམ་པོ་མཐོལ་ལོ་བཤགས།

납쌤 뇌쌤 록빠ㄹ 따와떼   이끼 미게 쑴뽀 톨로샥

탐심, 악심, 전도된 견해[邪見] 등
마음의 세 가지 악업을 참회하나이다.

།ཕ་མ་སློབ་དཔོན་དགྲ་བཅོམ་བསད་པ་དང་།   །རྒྱལ་བའི་སྐུ་ལ་ངན་སེམས་སྐྱེས་པ་དང་།

파마 롭뾘 다쫌 쎄빠당   걀외 꿀라 엔쌤 꼐빠당

🔹 **부모 · 아사리 · 아라한을 살해하였거나**
부처님 몸에 악심으로 피를 낸 일 등

།མཚམས་མེད་ལྔ་ཡི་ལས་བསགས་མཐོལ་ལོ་བཤགས།   །དགེ་སློང་དགེ་ཚུལ་བསད་དང་བཙུན་མ་ཕབ།

참메 아일 레싹 톨로샥   겔롱 게출 쎄당 쮠마팝

다섯 가지 무간업을 참회하나이다.
🔹 **수행승을 살해하거나 수행녀를 범하거나,**

ༀༀ ཀྐ་བྲྒྱ་ས་མཆོདྡ་རྟེནྣ་ལྷ་ཁང་བཤྱེག་ལ་སོགྒས་ རྙེ་བའི་མཚམསྶ་མེདྡ་སྡྱིག་རྒྱས་མཐོལྣ་ལོ་བཤྭགྒས

꾸숙 최뗀 하캉 식라쏙   녜외 참메 딕제 톨로샥

불상과 불탑과 사원을 파괴하는 등의
무간죄에 가까운 악업을 참회하나이다.

དྡ་ཀྐོནྣ་མཆོགྒ་ལྷ་ཁང་སྐུང་རྦ་རྟེནྣ་གསུམྨ་སོགྒས   དྡཔང་ཞེས་ཆདྡ་བཙུགྒས་མནནྣ་རྫུསྶ་ལ་སོགྒས་པ

🔸 꾠촉 하캉 쑹랍 뗀쑴쏙   빵셰 체쭉 나쇠 라쏙빠

삼보나 사원, 불상 · 경전 · 불탑 등의
의지처를 걸고서 거짓으로 맹세하는 등의

ༀ ཆོསྶ་སྤྱངསྶ་ལསྶ་དྡནྣ་བསགྒས་པ་མཐོལྣ་ལོ་བཤྭགྒས   ༀ ཁམསྶ་གསུམྨ་སེམསྶ་ཅནྣ་བསདྡ་ལསྶ་སྡྱིགྒ་ཆེ་བ

최빵 레엔 싹빠 톨로샥   캄쑴 쌤쩬 쎌레 딕체와

법을 끊는 악업을 쌓은 것을 참회하나이다.
🔸 ## 삼계의 중생을 살해한 것보다

|བྱང་ཆུབ་སེམས་དཔའ་རྣམས་ལ་སྐུར་བ་བཏབ། |དོན་མེད་སྡིག་ཆེན་བསགས་པ་མཐོལ་ལོ་བཤགས།

장춉 쎔빠 남라 꾸ㄹ와땁   된메 딕첸 싹빠 톨로샥

중대한 죄업인 불자[= 보살]를 업신여기고
비방한 무의미하고 큰 죄업들을
참회하나이다.

|དགེ་བའི་ཕན་ཡོན་སྡིག་པའི་ཉེས་དམིགས་དང་། |དམྱལ་བའི་སྡུག་བསྔལ་ཚེ་ཚད་ལ་སོགས་པ།

게외 펜욘 딕빼 녜믹당   넬외 둑엘 체체 라쏙빠

🌸 선업의 이익과 죄업의 폐해,
   지옥의 고통과 수명이 긺 등의 과보를

|ཐོས་ཀྱང་མི་བདེན་བརྡ་ཚོད་ཡིན་བསམས་པ། |མཚམས་མེད་ལྔ་བས་ཐུ་བའི་ལས་དང་།

퇴깡 미덴 셰최 인쌈빠   참메 아외 투외 레엔빠

듣고서도 거짓이라고 생각하는 것은,
오무간업보다도 심한 악업,
해탈할 수 없는 악업을 쌓는 것이니,

|ཐར་མེད་ལས་ངན་བསགས་པ་མཐོལ་ལོ་བཤགས། |ཕམ་པ་བཞི་དང་ལྷག་མ་ལ་ཅུ་གསུམ་དང་།

타ㄹ메 레엔 싹빠 톨로샥   팜빠 시당 학마 쭉쑴당

이러한 악업들을 참회하나이다.
바라이, 승잔, 타죄, 회과悔過, 악작惡作

|སྤང་ལྟུང་སོ་ར་བཅུ་དྲུག་ཉེས་བྱས་སྟེ་ཚོན་ལྔ། |སོ་ཐར་ཚུལ་ཁྲིམས་བཅལ་བ་མཐོལ་ལོ་བཤགས།

빵뚱 쏘ㄹ샥 녜제 데첸아   소타ㄹ 출팀 첼와 톨로샥

이러한 다섯 가지 범주의 바라제목차 별해탈계 범한 것을 참회하나이다.

|ནག་པོའི་ཆོས་བཞི་ལྟུང་བ་ལྔ་ལྔ་བཅུག |བྱང་སེམས་བསླབ་པ་ཉམས་པ་མཐོལ་ལོ་བཤགས།

낙뾔 최시 뚱와 아아게   장쎔 랍빠 냠빠 톨로샥

네 가지 흑법黑法, 다섯 가지 타죄墮罪,
열세 가지 근근본타죄近根本墮罪 등
보살계 범한 것을 참회하나이다.

ཆུ་སྲུང་བ་ཅུ་བཞི་ཡན་ལག་སྦོམ་པོ་བརྒྱད། ཁསམས་སྤྱགས་དག་ཆིག་ཉམས་པ་མཐོལ་ལོ་བཤགས།

짜똥 쭙시 옌락 봄뽀계   상악 담칙 냠빠 톨로샥

열네 가지 근본타죄와 여덟 가지 지분支分의
추죄麤罪 등「삼매야계의 서언」[=진언밀교의 계율]을
범한 것을 참회하나이다.

སྡོམ་པ་མ་ཞུས་མི་དགེའི་ལས་བྱས་པ།   མི་ཆངས་སྡོད་དང་ཆང་འཐུང་ལ་སོགས་པ།

돔빠 마슈 미게 레제빠   미창 쬐당 창퉁 라쏙빠

계를 받기 전에 행했던 불선한 업,
죄를 죄인 줄 모르고 지은

རང་བཞིན་ཁན་མ་ཐོའི་སྡིག་པ་སྟེ།   སྤྱིག་པ་སྤྱིག་ཏུ་མ་ཤེས་མཐོལ་ལོ་བཤགས།

랑신 카나 마퇴 딕빠떼   딕빠 딕뚜 마셰 톨로샥

사음과 음주 등 본질적인 악업[性罪]이나
꺼내기도 꺼림칙한 죄[遮罪]를 모두

참회하나이다.

།སྐྱབས་སྐྱོམ་དབང་བསྐུར་ལ་སོགས་ཐོབ་ནས་ཡང་།   དེ་ཡི་སྡོམ་པ་དང་ཚིག་བསྲུང་མ་ནེས།

깝돔 왕꾸르 라쏙 톱나양   데이 돔빠 담칙 쑹마셰

🔹 귀의와 관정을 받고 나서
계율과 서언을 지키는 법을

།བཅས་པའི་ལྱུང་བ་པོག་པ་མཐོལ་ལོ་བཤགས།   །འགྱོད་པ་མེད་ན་བཤགས་པས་མི་འདག་པས།

쩨빼 뚱와 폭빠 톨로샥   괴빠 메나 샥빼 미닥빼

모르고 범한 죄업을 참회하나이다.
「뉘우침 없는 참회」로는 악업이 정화되지
않으므로

།སྔར་བྱས་སྡིག་པ་ཁོང་དུ་དུགསོང་ལྟར།   །དོ་ཆ་འཛིགས་སྐྲག་འགྱོད་པ་ཆེན་པོས་བཤགས།

아르제 딕빠 콩두 둑쏭따르   오차 직딱 괴빠 첸뾔샥

「과거의 죄업」을 몸안에 있는 독처럼
부끄러움과 커다란 두려움을 갖고서
참회하나이다.

ཕྱིན་ཆད་སློག་སེམས་མེད་ན་མི་འདག་པས།
친체 돔쎔 메나 미닥빼

ཕྱིན་ཆད་སློག་ལ་བབས་ཀྱང་མི་དགེའི་ལས།
친체 쏙라 밥깡 미게레

「이후에 금하는 마음」이 없으면
악업이 정화되지 않으므로
이제부터 목숨을 잃는 한이 있더라도,

དངས་མི་བགྱིད་སེམས་ལ་དམ་བཅའ་བ་ཟུང་།
다네 미기 쎔라 당짜숭

བདེ་གཤེགས་འོད་དཔག་མེད་པ་སྲས་བཅས་ཀྱིས།
테섹 외빡 메빠 쎄쩨기

악업은 행하지 않을 것을 서약하오니,
선서이신 무량광 아미타 부처님과
보살님들께서

ཨདག་རྒྱུད་ཡོངས་སུ་དག་པར་བྱིན་གྱིས་རློབས། ཨགཞན་གྱིས་དགེ་བ་བྱེད་པ་ཐོས་པའི་ཚེ།

닥규 용수 닥빠ㄹ 진기롭   셴기 게와 제빠 퇴빼체

제가 완전히 정화되도록 가피하여 주소서.
🌀 다른 이가 선행한 일을 들었을 때

ཨདེ་ལ་ཕྲག་དོག་མི་དགེའི་སེམས་སྤངས་ནས། ཨསྙིང་ནས་དགའ་བས་རྗེས་སུ་ཡི་རང་ན།

델라 탁독 미게 쎔빵네,   닝네 가외 제쑤 이랑나

시샘과 불선한 마음을 버리고
진심으로 「따라 기뻐」[隨喜]하면

ཨདེ་ཡི་བསོད་ནམས་མཉམ་དུ་ཐོབ་པར་གསུངས། ཨདེ་ཕྱིར་འཕགས་པ་རྣམས་དང་སོ་སྐྱེ་ཡིས།

데이 쏘남 냠두 톱빠ㄹ쑹   데치ㄹ 팍빠 남당 쏘꼐이

그와 동등한 복덕을 얻는다고 하셨나니
그러므로 성자와 범부들의

།དགེ་བ་གང་བསྒྲུབས་ཀུན་ལ་ཡི་རང་ངོ།
게와 강둡 뀐라 이랑오

།བླ་མེད་བྱང་ཆུབ་མཆོག་ཏུ་སེམས་བསྐྱེད་ནས།
라메 장춥 촉뚜 쌤계네

모든 선업에 「따라 기뻐」[수희] 하나이다.

🙏 모든 부처님께서 위없는 보리심으로

　 중생을 위해 행하시는

།འགྲོ་དོན་རྒྱ་ཆེན་མཛད་ལ་ཡི་རང་ངོ།
도된 갸첸 젤라 이랑오

།མི་དགེ་བཅུ་པོ་སྤངས་པ་དགེ་བ་བཅུ།
미게 쭈뽀 빵빠 게와쭈

광대한 이타행에 「따라 기뻐」하나이다.

🙏 열 가지 악업을 끊은 열 가지 선업,

།གཞན་གྱི་སྲོག་བསྐྱབ་སྦྱིན་པ་གཏོང་བ་དང།
셴기 쏙꺕 진빠 똥와당

།སྡོམ་པ་སྲུང་ཞིང་བདེན་པར་སྨྲ་བ་དང།
돔빠 쑹싱 덴빠ㄹ 마와당

목숨을 구하고, 보시를 하고,

계율을 지키고, 진실을 말하고,

ༀ|འཁོན་པ་བསྲམ་དང་ཞི་དུལ་དྲང་པོར་སྨྲ།

쾬빠 둠당 시둘 당뽀르마

ༀ|དོན་དང་ལྡན་པའི་གཏམ་བརྗོད་འདོད་པ་ཆུང་།

된당 덴빼 땀죄 되빠충

원한을 조정하고, 온화하고 정직한 말을
하고, 유익한 말을 하고, 소욕지족하고,

ༀ|བྱམས་དང་སྙིང་རྗེ་སྒོམ་ཞིང་ཆོས་ལ་སྤྱོད།

잠당 닝제 곰싱 쵤라쬐

ༀ|དགེ་བ་དེ་རྣམས་ཀུན་ལ་ཡི་རང་ངོ་།

게와 데남 뀐라 이랑오

자애와 연민을 수습하고,
바른 법을 행하는 일 등,
그러한 모든 선행에 「따라 기뻐」하나이다.

ༀ|ཕྱོགས་བཅུའི་འཇིག་རྟེན་རབ་འབྱམས་ཐམས་ཅད་ན།

촉쮜 직뗀 랍잠 탐쩨나

ༀ|རྫོགས་སངས་རྒྱས་ནས་རིང་པོར་མ་ལོན་པར།

족쌍 계네 링뽀르 말룐빠르

시방의 광대한 일체 세간에서
정각을 이루신 지 오래지 않은 그 분들에게

།དེ་དག་རྣམས་ལ་ཆོས་ཀྱི་འཁོར་ལོ་ནི། །རྒྱ་ཆེན་མྱུར་དུ་སྐོར་བར་བདག་གིས་བསྐུལ།

데닥 남라 최끼 콜로니 갸첸 뉴ㄹ두 꼬ㄹ와ㄹ 닥기꿀

광대한 법륜을 신속히 굴려 주시옵기를 권청하오니,

།མཐོན་ཤེས་སྟོབས་ཀྱིས་དེ་དོན་མ་ཐིན་པར་གསོལ། །སངས་རྒྱས་བྱང་སེམས་བསྟེན་འཛིན་དགེ་བའི་བཤེས།

왼셰 툭끼 데된 켄빠ㄹ쏠 쌍계 장쌤 뗀진 게외셰

제불께오서 신통력으로 굽어살펴 주소서.
부처님, 보살님, 선지식들까지

།སྨྱ་ངན་འདའ་བར་བཞེད་ཀུན་དེ་དག་ལ། །སྨྱ་ངན་མི་འདའ་བཞུགས་པར་གསོལ་བ་འདེབས།

냥엔 다와ㄹ 셰뀐 데닥라 냥엔 민다 숙빠ㄹ 쏠와뎁

반열반에 들고자 하시는 모든 분들께
반열반에 들지 마시옵길 간청하나이다.

ཞྲེ་ས་མཚོན་བདག་གི་དུས་གསུམ་དགེ་བ་རྣམས།   ཞྲོ་བ་སེམས་ཅན་ཀུན་གྱི་དོན་དུ་བསྒོ།

🦶 이와 같이 제가 예배 · 공양 · 참회 · 수희 ·
   권청 · 기원으로 쌓은 삼세의 선근을
   일체중생을 위해 회향하오니,

ཀུན་ཀྱང་བླ་མེད་བྱང་ཆུབ་མྱུར་ཐོབ་ནས།   ཞཁམས་གསུམ་འཁོར་བ་དོང་ནས་སྤྲུགས་གྱུར་ཅིག།

꾼깡 라메 장춥 뉴ㄹ톱네   캄쑴 코ㄹ와 동네 뚝규ㄹ찍

   모두가 위없는 보리를 신속히 성취하여
   삼계 윤회의 바닥까지 비게 하소서.

ཞདེ་ཡི་དགེ་བ་བདག་ལ་མྱུར་སྨིན་ནས།   ཞཚེ་འདིར་དུས་མིན་འཆི་བ་བཅོ་བརྒྱད་ཞི།

데이 게와 닥라 뉴ㄹ민네   체디ㄹ 뒤민 치와 쭙계시

🦶 선근이 저에게 신속히 무르익어
   이생에 열여덟 가지 비명횡사를 막고

།ནད་མེད་ལང་ཚོ་རྒྱས་པའི་ལུས་སྟོབས་ལྡན། །དཔལ་འབྱོར་འཛད་མེད་དབྱར་གྱི་གང་ག་ལྟར།

네메 랑초 계빼 뤼똡덴　　　뺄조르 제메 야르기 강가따르

병 없는[無病] 젊은 힘을 갖추며
갠지스강 모래알처럼 다함 없는 풍요와

།བདུད་དགྲའི་འཚེ་བ་མེད་ཅིང་དམ་ཆོས་སྤྱོད། །བསམ་པའི་དོན་ཀུན་ཆོས་མཐུན་ཡིད་བཞིན་འགྲུབ།

뒤데 체와 메찡 담최쬐　　　쌈빼 된꾼 최덴 이신둡

마군과 적의 장애 없이 바른 법을 행하며
원하는 모든 것을 바른 법에 맞게 성취하여

།བསྟན་དང་འགྲོ་ལ་བར་ཕོགས་རྒྱ་ཆེན་འགྲུབ། །མི་ལུས་དོན་དང་ལྡན་པར་འགྲུབ་པར་ཤོག།

뗀당 돌라 펜톡 갸첸둡　　　미뤼 된당 덴빠르 둡빠르속

부처님 가르침과 중생을 널리 이롭게 하며
사람 몸 받은 것[暇滿]을 헛되지 않게 하소서.

ཁྱོད་དང་བདག་ལ་འབྲེལ་ཐོགས་ཀུན།

닥당 닥라 델톡꾼

འདི་ནས་ཚེ་འཕོས་གྱུར་མ་ཐག།

디네 체푀 규ㄹ마탁

🐾 저와, 저의 인연 있는 모든 이들이
   이번 생을 마칠 때는, 곧바로

སྤྲུལ་པའི་སངས་རྒྱས་འོད་དཔག་མེད།

뚤베 쌍계 외빡메

དགེ་སློང་དགེ་འདུན་འཁོར་གྱིས་བསྐོར།

겔롱 겐둔 코ㄹ기꼬ㄹ

화신의 무량광 아미타 부처님께서
많은 보살 비구의 성중聖衆들과 함께

མདུན་དུ་མངོན་སུམ་འབྱོན་པར་ཤོག།

둔두 왼쑴 죈빠ㄹ쇽

དེ་མཐོང་ཡིད་དགའ་སྣང་བ་སྐྱེད།

데통 이가 낭와끼

눈앞에 직접 오시옵기를 기원하나이다.
🐾 그 모습을 뵙고는, 환희심이 일어나

ཞི་བའི་སྡུག་བསྔལ་མེད་པར་ཤོག །བྱང་ཆུབ་སེམས་དཔའ་མཆེད་བརྒྱད་ནི།

시외 둑엘 메빠ㄹ속 　　　　장춥 쌤빠 체계니

죽음의 고통이 없게 하소서.
여덟 분의 큰 보살님들께서는

རྫུ་འཕྲུལ་སྟོབས་ཀྱིས་ནམ་མཁར་བྱོན། །བདེ་བ་ཅན་དུ་འགྲོ་བ་ཡི།

주툴 똡기 남카ㄹ죈 　　　　데와 쩬두 도와이

신족통으로 허공을 지나
극락정토로 가는 바른 길을

ལམ་སྟོན་ལམ་སྣ་འཛིན་པར་ཤོག །ངན་སོང་སྡུག་བསྔལ་བཟོད་གླགས་མེད།

람뙨 람나 덴빠ㄹ속 　　　　엔쏭 둑엘 쇠락메

보여 주시고 인도하소서.
삼악도의 고통은 견딜 수 없고

34

ཧྭ་མིའི་བདེ་སྐྱིད་མི་རྟག་འགྱུར།   དེ་ལ་སྐྱག་སེམས་སྐྱེ་བར་ཤོག།

하미-데끼 미딱규ㄹ   델라 딱쎔 꼐와ㄹ속

천신과 인간의 쾌락은 무상하게 변하는 것이니,
이러한 윤회에 두려움을 갖게 하소서.

ཐོག་མ་མེད་ནས་ད་ལྟའི་བར།   འཁོར་བ་འདི་ན་ཡུན་རེ་རིང་།

톡마 메네 단데바ㄹ   코ㄹ와 디나 윤레링

🪷 무시 이래로 지금까지
오래도록 윤회한 것에 대해

དེ་ལ་སྐྱོ་བ་སྐྱེ་བར་ཤོག།   མི་ནས་མི་རུ་སྐྱེ་ཚོག་ཀྱང་།

델라 꾜와 계와ㄹ속   미네 미루 꼐촉깡

염리심이 일어나게 하소서.
🪷 인간에서 인간으로 환생하더라도

ཀྱེ་གནས་འཆི་གནས་མེད་སྐྱོང་། |དུས་མཐའ་སྟེགས་མ་བར་ཆད་མང་།

께가 나치 당메뇽 뒤엔 닉마ㄹ 바ㄹ체망

생로병사를 무한히 겪게 되고
말세에는 장애가 무수하며,

མི་དང་ལྷ་ཡི་བདེ་སྐྱིད་འདི། |དུག་དང་འདྲེས་པའི་ཟས་ཞིན་དུ།

미당 하이 데끼디 둑당 데빼 세신두

천신과 인간의 쾌락이란
독이 섞인 음식과 같나니

འདོད་པ་སྤུ་ཙམ་མེད་པར་ཤོག |ཉེ་དུ་ཟས་ནོར་མཐུན་གྲོགས་རྣམས།

되빠 뿌짬 메빠ㄹ쇽 녜두 세노ㄹ 튄독남

추호의 탐착도 없게 하소서.
❀ 친족·친지나 음식이나 재물은 모두

|མི་རྟག་སྒྱུ་མ་རྨི་ལམ་བཞིན།

미딱 규마 밀람신

|ཆགས་ཞེན་སྤུ་ཙམ་མེད་པར་ཤོག །

착셴 뿌짬 메빠ㄹ속

무상하여 환과 같고 꿈과 같나니
털끝 만큼의 애착도 없게 하소서.

|ས་ཆ་ཡུལ་རིས་ཁང་ཁྱིམ་རྣམས།

싸차 율리 캉킴남

|རྨི་ལམ་ཡུལ་གྱི་ཁང་ཁྱིམ་ལྟར།

밀람 율기 캉킴따ㄹ

편애하는 고향이나 집 역시도
꿈속의 집과 같아서

|བདེན་པར་མ་གྲུབ་ཤེས་པར་ཤོག

덴빠ㄹ 마둡 셰빠ㄹ속

|ཐར་མེད་འཁོར་བའི་རྒྱ་མཚོ་ནས།

타ㄹ메 코ㄹ외 갸초네

실재가 아님을 바르게 알게 하소서.
죄인이 감옥에서 탈출하듯이

།ཉེས་ཆེན་བཙོན་ནས་ཐར་པ་བཞིན། །བདེ་བ་ཅན་གྱི་ཞིང་ཁམས་སུ།

네첸 쬔네 타ㄹ빠신 데와 쩬기 싱캄수

끝없는 윤회의 바다로부터

극락세계 정토를 향해

།ཕྱི་ལྟས་མེད་པར་འབྲོས་པར་ཤོག །ཆགས་ཞེན་འཁྲི་བ་ཀུན་བཅད་ནས།

치떼 메빠ㄹ 되빠ㄹ쇽 착신 티와 꾄쩨네

뒤돌아보지 않고 달아나게 하소서.

애착의 결박을 모두 끊어내고

།བྱ་རྒོད་རྙི་ནས་ཐར་བ་བཞིན། །ནུབ་ཀྱི་ཕྱོགས་ཀྱི་ནམ་མཁའ་ལ།

자괴 니네 타ㄹ와신 눕기 촉기 남칼라

독수리가 올가미에서 벗어나듯이,

서쪽의 하늘을 향해

ཁ
직뗀 캄니 당메빠

ㅣ
께찍 윌라 되제네

무수한 세계를 지나
한 찰나에 극락정토에

ㅣ
데와 쩬두 친빠ㄹ숙

ㅣ
데루 쌍계 외빡메

도달하게 되기를 기원하나이다.
🪷 그곳에서 무량광 아미타 부처님을

ㅣ
왼쑴 슉배베 셸통네

ㅣ
딥빠 탐쩨 닥빠ㄹ숙

직접 뵈옵고, 일체 모든 장애가
정화되기를 기원하나이다.

|སྐྱེ་གནས་བཞི་ཡི་མཆོག་གྱུར་པ། |མེ་ཏོག་པདྨའི་སྙིང་པོ་ལ།

께네 시이 촉규ㄹ빠   메똑 뻬메 닝뽈라

❀ 태 · 란 · 습 · 화 네 가지 출생 가운데
최상의 연꽃 속에

|བརྫུས་ཏེ་སྐྱེ་བ་ལེན་པར་ཤོག |སྐྱད་ཅིག་ཉིད་ལ་ལུས་རྫོགས་ནས།

쥐떼 께와 렌빠ㄹ속   께찍 닐라 뤼족네

화생하게 되기를 기원하나이다.
❀ 연꽃 속에 출생하는 즉시 몸이 완성되어

|མཚན་དཔེ་ལྡན་པའི་ལུས་ཐོབ་ཤོག |མི་སྐྱེ་རྟོགས་པའི་མེ་ཚོམ་གྱིས།

첸뻬 덴뺀 뤼톱속   미께 독빼 테촘기

뛰어난 상호가 갖춰지기를 기원하나이다.
❀ 조금이라도 이러한 왕생을 의심하면

ཁོ་སྒྲུབ་ལྔ་བརྒྱའི་བར་དག་ཏུ།   ཁ་ངེར་བདེ་སྐྱིད་ལོངས་སྤྱོད་ལྡན།

로당 압개 바르닥두   낭데르 데끼 롱쬐덴

오백 년 동안 하품하생下品下生으로 연꽃 속에
머물게 되어, 그 안에서 안락을 누리며

སངས་རྒྱས་གསུང་ནི་ཐོས་ན་ཡང་།   མེ་ཏོག་ཁ་ནི་མི་བྱེ་བས།

쌍계 쑹니 퇴나양   메똑 카니 미제외

부처님의 말씀은 들을 수 있지만,
연꽃잎이 열리지 않아서

སངས་རྒྱས་ཞལ་མཇལ་བྱེ་བའི་སྐྱོན།   དེ་འདྲ་བདག་ལ་མི་འབྱུང་ཤོག།

쌍계 셸젤 치외꼰   덴다 닥라 마중쇽

부처님을 늦게 뵈옵게 되오니
그런 결점이 제게는 일어나지 않기를
기원하오며,

།སྐྱེས་མ་ཐག་ཏུ་མེ་ཏོག་ཇེ།

께마 탁뚜 메똑제

ཁྱོད་དཔག་མེད་པའི་ཞལ་མཐོང་ཤོག།།

외빡 메빼 셸통속

태어난 즉시 연꽃이 열려 무량광
아미타 부처님을 뵈올 수 있게 하소서.

།བསོད་ནམས་སྟོབས་དང་རྫུ་འཕྲུལ་གྱིས།

쏘남 똡당 주튈기

།ལག་པའི་མཐིལ་ནས་མཆོད་པའི་སྤྲིན།

락빼 틸네 최빼띤

복덕의 힘과 신통에 의해
제 손바닥에서 공양 구름을

།བསམ་མི་ཁྱབ་པར་སྤྲོས་བྱས་ནས།

쌈미 캽빠ㄹ 뙤제네

།སངས་རྒྱས་འཁོར་བཅས་མཆོད།

쌍계 코ㄹ째 최빠ㄹ속

헤아릴 수 없이 화현시켜
부처님과 모든 성중들께 공양을 올리게
하소서.

ཌེ་ཚེ་དེ་བཞིན་གཤེགས་པ་དེས། ཕྱག་གཡས་བརྐྱངས་ནས་མགོ་ལ་བཞག།

데체 데신 섹빠테　　　　　착예 깡네 골라샥

⚜ 그때 여래이신 무량광 아미타 부처님께서
오른손을 뻗어 제 머리에 얹으시고

བྱང་ཆུབ་ལུང་བསྟན་ཐོབ་པར་ཤོག། རབ་དང་རྒྱ་ཆེའི་ཆོས་ཐོས་ནས།

장춥 룽뗀 톱빠ㄹ숔　　　　삽당 갸체 최퇴네

보리의 수기를 내려 주소서.
⚜ 심오하고 광대한 법문을 듣고서

རང་རྒྱུད་སྨིན་ཅིང་གྲོལ་བར་ཤོག། སྤྱན་རས་གཟིགས་དང་མཐུ་ཆེན་ཐོབ།

랑규 민찡 될바ㄹ숔　　　　쩬레 식당 투첸톱

마음이 성숙되고 해탈하게 하소서.
관세음보살과 대세지보살 두 분의

ཀྱི་ལ་སྲས་ཐུ་བོ་རྣམ་གཉིས་ཀྱིས། ཁྱེན་གྱིས་བཀྲབས་ཤིང་རྗེས་བཟུང་གྲོག །

걜쎄 투오 남니기　　　진기 랍싱 제숭쑥

　상수 보살님께서
　가지해 주시고 보살펴 주소서.

ཉིན་རེ་བཞིན་དུ་ཕྱོགས་བཅུ་ཡི། སངས་རྒྱས་བྱང་སེམས་དཔག་མེད་པ།

닌레 신두 촉쭈이　　　쌍계 장쎔 빡메빠

🕉 매일같이 시방 세계의
　헤아릴 수 없는 부처님과 보살님들께서

འོད་དཔག་མེད་པ་མཆོད་པ་དང་། ཞིང་དེར་བལྟ་ཕྱིར་འབྱོན་པའི་ཚེ།

외빡 메빠 최빠당　　　싱데ㄹ 따치ㄹ 죈빼체

　무량광 아미타 부처님께 공양을 올리고
　극락정토를 보기 위해 오실 때,

ཏེ་དག་ཀུན་ལ་བསྟེན་བྱུར་ཞིང༌།

데닥 뀐라 넨꾸ㄹ싱

ཆོས་ཀྱི་བདུད་རྩི་ཐོབ་པར་ཤོག།

최기 뒤찌 톱빠ㄹ쇽

저는 그 분들 모두를 공경하고
법의 감로를 얻게 하소서.

རྫུ་འཕྲུལ་ཐོགས་པ་མེད་པ་ཡིས།

주툴 톱빠 메빠이

མངོན་དགའི་ཞིང་དང་དཔལ་ལྡན་ཞིང༌།

윈게 싱당 빨덴싱

걸림 없는 신변으로
묘희정토, 길상정토,

ལས་རབ་རྫོགས་དང་སྟུག་པོ་བཀོད།

레랍 족당 뚝뽀꾀

ལྷུ་རེ་དེ་དག་རྣམས་སུ་འགྲོ།

아도 데닥 남쑤도

성업정토, 밀엄정토의 불국토들을
아침에 차례로 참방하여

ཨི་བསྐྱེད་རིན་འབྱུང་དོན་ཡོད་གྲུབ།   ཀུན་སྣང་ལ་སོགས་སངས་རྒྱས་ལ།

미꾀 린중 된요둡   남낭 라쏙 쌍곌라

거기에서 부동불, 보생불, 불공성취불,
비로자나 부처님을 친견하옵고

དབང་དང་བྱིན་རླབས་སྩོལ་བ་ཞུ།   མཆོད་པ་དུ་མས་མཆོད་བྱས་ནས།

왕당 진랍 돔빠슈   최빠 두메 최제네

관정과 가피와 교계를 받자오며
갖가지 진귀한 공양을 올린 후

དགོང་མོ་བདེ་བ་ཅན་ཞིང་དུ།   དཀའ་ཚེགས་མེད་པར་སྟེབ་པར་ཤོག།

공모 데와 쩬니두   까첵 메빠ㄹ 렙빠ㄹ쏙

저녁에는 극락정토로
어려움 없이 돌아오게 하소서.

ཕོ་ཏ་ལ་དང་ལྕང་ལོ་ཅན། ཡབ་གླིང་དང་ཨོ་རྒྱན་ཡུལ།

뽀딸 라당 짱로젠　　　아얍 링당 오곈율

☙ **뽀딸라와 양류궁, 나찰국과 우디야나 등**

སྤྲུལ་སྐུའི་ཞིང་ཁམས་བྱེ་བ་བརྒྱར། སྤྱན་རས་གཟིགས་དང་སྒྲོལ་མ་དང་།

뚤꿰 싱캄 제와꺄ㄹ　　　쩬레 식당 돌마당

수백억 화신의 국토에서
관세음보살, 따라보살, 금강수보살,

ཕྱག་རྡོར་པད་འབྱུང་བྱེ་བ་བརྒྱ། མཇལ་ཞིང་མཆོད་པ་རྒྱ་མཚོས་མཆོད།

착도ㄹ 뻬중 제와꺄　　　젤싱 최빠 꺄최최

연화생 대사 등을 모두 친견하고
바다와 같은 공양을 올리며,

།དབང་དང་གདམས་ངག་ཟབ་མོ་ཞུ། །སྙུར་དུ་རང་གནས་བདེ་ཆེན་ཞིང་།

왕당 담악 삽모슈   뉴르두 랑네 데첸싱

관정과 심오한 구결을 받자온 뒤
제가 머무는 극락으로 신속하게

།ཐོགས་པ་མེད་པར་ཕྱིན་པར་ཤོག །ཁྱོལ་གྱི་ཉེ་དུ་སློབ་མ་སོགས།

톡빠 메빠르 친빠르숙   슐기 녜두 달롭쏙

걸림 없이 돌아오게 하소서.
옛날의 친족이나 승중僧衆의 제자 등을

།སྔ་ཡི་མིག་གིས་གསལ་བར་མཐོང་། །སྲུང་སྐྱོབ་བྱེད་ཀྱིས་རྩོལ་བྱེད་ཅིང་།

하이 믹기 셀와르통   쑹꼽 진기 롭제찡

천안天眼으로 생생히 보아
보호하고 가피하며, 사바세계의

༑ཚེ་འདུས་ཤིང་དེར་ཁྲིད་པར་ཤོག། ༎བསྐལ་བཟང་འདི་ཡི་བསྐལ་པའི་ཡུན།

치뒤 싱데르 티빠르쇽   껠상 디이 껠빼윤

목숨이 다하면 극락으로 인도하게 하소서.
🪷 이 현겁賢劫의 1겁은

༎བདེ་བ་ཅན་གྱི་ཞག་གཅིག་སྟེ། ༎བསྐལ་པ་གྲངས་མེད་འཆི་བ་མེད།

데와 쩬기 샥찍떼   껠빨 당메 치와메

극락정토의 하루이니,
헤아릴 수 없는 겁 동안 죽음도 없는

༎ཁྭག་ཏུ་ཞིང་དེ་འཛིན་པར་ཤོག། ༎བྱམས་པ་ནས་བཟུང་འོད་པའི་བར།

딱뚜 싱데 진빠르쇽   잠빠 네숭 뫼빼바르

극락정토에 상주하게 하소서.
🪷 미륵불에서 루지불에 이르기까지

།བསྐལ་བཟང་འདི་ཡི་སངས་རྒྱས་རྣམས།   །འཇིག་རྟེན་འདི་ན་ནམ་འབྱོན་ཚེ།

껠상 디이 쌍계남   직뗀 디나 남죈체

현겁賢劫**의 부처님들께서
이 사바세계에 출현하실 때**

།རྫུ་འཕྲུལ་སྟོབས་ཀྱིས་འདིར་འོངས་ནས།   །སངས་རྒྱས་མཆོད་ཅིང་དམ་ཆོས་ཉན།

주튈 똡기 디ㄹ옹네   쌍계 최찡 담최녠

**신통력으로 그 부처님 앞에 나아가서
공양을 올리며 설법을 듣고**

།སླར་ཡང་བདེ་ཆེན་ཞིང་ཁམས་སུ།   །ཐོགས་པ་མེད་པར་འགྲོ་བར་ཤོག།།

라ㄹ양 데첸 싱캄쑤   톡빠 메빠ㄹ 도와ㄹ쏙

**다시금 극락정토로
걸림 없이 돌아오게 하소서.**

ཁ་བ་རྒྱས་རྗེ་བ་ཁྲིག་ཁྲིག་བརྒྱ་སྟོང་ཕྲག་

쌍계 제와 탁틱 갸똥탁

བཀུད་ཆུ་རྩ་གཅིག་མང་ཆ་རྒྱས་ཞིང་ཀུན་གྱི་

계쭈 짜찍 쌍계 싱뀐기

🏵 81백천억 나유타 부처님들의
모든 정토의 일체 공덕을

ཡོན་ཏན་བཀོད་པ་ཐམས་ཅད་གཅིག་བསྡོམས་པ་

욘뗀 꾀빠 탐쩨 찍돔빠

ཞིང་ཁམས་ཀུན་ལས་ཁྱད་འཕགས་བླ་ན་མེད་

싱캄 뀐레 꼐팍 라나메

다 갖추었으므로, 다른 모든
정토들보다 수승하고 위없는

བདེ་བ་ཅན་གྱི་ཞིང་དེར་སྐྱེ་བར་ཤོག་

데와 쩬기 싱데ㄹ 꼐와ㄹ속

རིན་ཆེན་ས་གཞི་ཁོད་སྙོམས་ལག་མཐིལ་ལྟར་

린첸 싸시 쾨놈 락틸따ㄹ

극락정토에 왕생하기를 기원하나이다.
🏵 손바닥처럼 평평한 보배 대지는

།ཡངས་ཤིང་རྒྱ་ཆེ་གསལ་ཞིང་འོད་ཟེར་འབར། །མནན་ན་ནེམ་ཞིང་བཏེག་ན་སྤར་བྱེད་ཉིད།

양싱 갸체 쌜싱 외세ㄹ바ㄹ   넨나 넴싱 떽나 빠ㄹ제빠

광활하고 밝게 빛나며
걷기에 부드럽고 편안하며

།བདེ་འཇམ་ཡངས་པའི་ཞིང་དེར་སྐྱེ་བར་ཤོག། །རིན་ཆེན་དུ་མ་ལས་གྲུབ་དཔག་བསམ་ཤིང་།

데잠 양빼 싱데ㄹ 꼐와ㄹ쇽   린첸 두마 레둡 빡삼싱

광활하고 안락한 그 정토에 왕생하게 하소서.
여러 보배로 이루어진 여의수如意樹에

།ལོ་མ་དར་ཟབ་འབྲུ་རིན་ཆེན་བརྒྱན། །དེ་སྟེང་སྤྲུལ་པའི་བྱ་ཚོགས་སྐད་སྙན་སྒྲོགས།

로마 다ㄹ삽 데부 린첸겐   데뗑 뛸빼 자촉 께녠데

비단 잎과 보배 열매가 열리고
화현한 새들이 아름답게 노래 부르며

|རབ་དང་རྒྱ་ཆེའི་ཆོས་ཀྱི་སྒྲ་རྣམས་སྒྲོགས་པ།

삽당 갸체 최끼 다남독

|ངོ་མཚར་ཆེན་པོའི་ཞིང་དེ་ར་སྐྱེ་བར་ཤོག།།

오차ㄹ 첸뾔 싱데ㄹ 꼐와ㄹ쇽

심오하고 광대한 법음을 내나니,
희유한 그 정토에 왕생하게 하소서.

|སྤོས་ཆུའི་རྒྱུ་ཀླུང་ཡན་ལག་བརྒྱད་ལྡན་མང་།

뾔취 출룽 옌락 계덴망

|དེ་བཞིན་བདུད་རྩིའི་ཁྲུས་ཀྱི་རྫིང་བུ་རྣམས།

데신 뒤찌 튀기 징부남

향기로운 계곡은 여덟 가지 공덕을 갖추고
감로의 연못들은 칠보로 이루어진

|རིན་ཆེན་སྣ་བདུན་ཐེམ་སྐས་པ་གུས་བསྐོར།

린첸 나둔 템께 파귀꼬ㄹ

|མེ་ཏོག་པདྨའི་ཞིམ་འབྲས་བུར་ལྡན།

메똑 뻬마 디심 데부ㄹ덴

계단으로 둘러쳐 있으며,
향기로운 연꽃에는 열매가 맺혀 있고

|པདྨའི་འོད་ཟེར་དཔག་ཏུ་མེད་པ་འཕྲོ། ｜འོད་ཟེར་རྩེ་ལ་སྤྲུལ་པའི་སངས་རྒྱས་བརྒྱུད།

뻬메 외세ㄹ 빡뚜 메빠토　　　 외세ㄹ 쩰라 뚤빼 쌍계곈

연꽃에서 한량없는 빛이 나와
빛의 끝에 부처님의 화신이 나타나시는

|ཡ་མཚན་ཆེན་པོའི་ཞིང་དེར་སྐྱེ་བར་ཤོག | ｜མི་ཁོམ་བརྒྱད་དང་ངན་སོང་སྐྱེ་མི་སྒྲུགས།

얌첸 첸뾔 싱데ㄹ 꼐와ㄹ쇽　　 미콤 계당 엔쏭 다미닥

신비로운 그 정토에 왕생하게 하소서.
팔무가八無暇와 삼악도의 모든 번뇌,

|ཉོན་མོངས་དུག་ལྔ་དུག་གསུམ་ནད་དང་གདོན། ｜དག་དང་དབུལ་ཕོངས་འཐབ་རྩོད་ལ་སོགས་པ།

뇬몽 둑아 둑쑴 네당된　　　　 다당 울퐁 탑쬐 라쏙빠

오독과 삼독, 질병과 마라[魔]와 적敵
빈곤과 투쟁 등의 일체 고난을

|ཕྱུག་བསྲུལ་ཐམས་ཅད་ཞིན་དེ་ར་ཐོས་མ་མྱོང་། |བདེ་བ་ཆེན་པོའི་ཞིན་དེ་ར་སྐྱེ་བར་ཤོག །

둑엘 탐제 싱데ㄹ 퇴마뇽   데와 첸뵈 싱데ㄹ 꼐와ㄹ쇽

그곳에선 이름조차 듣지 못하나니,
극락의 이 정토에 왕생하게 하소서.

|བུད་མེད་མེད་ཅིང་མངལ་ནས་སྐྱེ་བ་མེད། |ཀུན་ཀྱང་མེ་ཏོག་པདྨའི་ས་བུབས་ནས་འཁྲུངས།

뷔메 메찡 엘네 꼐와메   꾼깡 메똑 뻬메 붑네퉁

태에서 태어남 없이
모두가 연꽃에 화생으로 태어나며

|ཐམས་ཅད་ས་ཀུ་ལུས་ཁྱད་མེད་གསེར་གྱི་མདོག །|དབུ་ལ་གཙུག་ཏོར་ལ་སོགས་མཚན་དཔེས་བརྒྱན།

탐쩨 꿀뤼 켸메 쎄ㄹ기독   울라 쭉또ㄹ 라쏙 첸뻬겐

다 같이 황금색의 몸 빛에
정수리의 육계 등의 상호로 장엄되고

ཨོད་ཤེས་ལྔ་དང་སྤྱན་ལྔ་ཀུན་ལ་མངའ། ཡོན་ཏན་དཔག་མེད་ཞིང་དེར་སྐྱེ་བར་ཤོག །

왼셰 아당 쩬아 꾼라아   욘뗀 빡메 싱데ㄹ 꼐와ㄹ쇽

오신통과 오안五眼을 모두 갖추고 있는
무한 공덕의 그 정토에 왕생하게 하소서.

རང་བྱུང་རིན་ཆེན་སྣ་ཚོགས་གཞལ་ཡས་ཁང་། ཅི་འདོད་ལོངས་སྤྱོད་ཡིད་ལ་དྲན་པས་འབྱུང་།

랑중 린첸 나촉 셸예캉   찌되 롱쬐 일라 덴빼중

갖가지 보배로 가득한 무량궁에는
원하는 대로 무엇이든 생겨나

རྩོལ་སྒྲུབ་མི་དགོས་དགོས་འདོད་ལྷུན་གྱིས་གྲུབ། གདོང་མེད་ཅེང་བདག་ཏུ་འཛིན་པ་མེད།

쫄둡 미괴 괴되 훈기둡   아쾨 메찡 닥두 진빠메

애씀 없이 원하는 것이 자연히 충족되며
자타의 분별이나 아집이 없고

ཀང་འདོད་མ་ཆོད་སྩོལ་ལག་པའི་མཐིལ་ནས་འབྱུང་།   ཐམས་ཅད་བླ་མེད་ཐེག་ཆེན་ཆོས་ལ་སྤྱོད།

강되 최띤 락빼 틸네중   탐쩨 라메 텍첸 쵤라쬐

무엇을 원하든 손바닥에서 생겨나며,
모두가 위없는 대승법을 향수하는

ཁཌེ་སྐྱིད་ཀུན་འབྱུང་ཞིང་དེར་སྐྱེ་བར་ཤོག   ཇི་ཞིམ་རླུང་གིས་མེ་ཏོག་ཆར་ཆེན་འབེབས།

데끼 꾼중 싱데ㄹ 꼐와ㄹ쇽   디심 룽기 메똑 차ㄹ첸벱

모든 안락 갖춘 그 정토에 왕생하게 하소서.
⚘ 향기로운 바람에 꽃비 내리고

ཤིང་དང་ཆུ་སྐླུང་པདྨ་ཐམས་ཅད་ལས།   ཡིད་དུ་འོང་བའི་གཟུགས་སྒྲའི་རོ་རེག

싱당 출룽 뻬모 탐쩰레   이두 옹외 숙다 디로렉

나무와 계곡과 연꽃에서
환희로운 색·성·향·미·촉의

ཁྱོངས་སྤྱོད་མཆོད་པའི་སྤྲིན་ཕུང་རྟག་ཏུ་འབྱུང་། ཁྱུད་མེད་མེད་ཀྱང་སྤྲུལ་པའི་ལྷ་མོའི་ཚོགས།

롱쬐 최빼 띤풍 딱뚜중 뷔메 메깡 뚤빼 하뫼촉

공양 구름이 항시 생겨나고
화현한 천녀들이

ཁམཆོད་པའི་ལྷ་མོ་དུ་མས་རྟག་ཏུ་མཆོད། འདུག་པར་འདོད་ཚེ་རིན་ཆེན་གཞལ་ཡས་ཁང་།

최빼 하모 두메 딱뚜최 둑빠ㄹ 되체 린첸 셸예캉

끊임없이 공양을 올리며
앉고자 하면 보배 무량궁이요

ཁཉལ་བར་འདོད་ཚེ་རིན་ཆེན་ཁྲི་བཟང་སྟེང་། དར་ཟབ་དུ་མའི་མལ་སྟན་སྣས་དང་བཅས།

넬와ㄹ 되체 린첸 티상땡 다ㄹ삽 두메 멜뗀 에당쩨

눕고자 하면 보배 침상에
비단 이불과 베개가 생겨나고

|བྱ་དང་ལྗོན་ཤིང་ཆུ་རྒྱུན་རོལ་མོ་སོགས། |ཐོས་པར་འདོད་ན་སྒྲུབ་པའི་ཆོས་སྒྲ་སྒྲོགས།

자당 쬔싱 출룽 롤모쏙   퇴빠ㄹ 되나 녠뻬 최다독

새와 나무, 계곡, 악기 등에서
원할 때마다 아름다운 법음을 내며

|མི་འདོད་ཆེ་ན་རྣ་བར་སྒྲ་མི་གྲགས། |བདུད་རྩིའི་རྫིང་བུ་ཆུ་རྒྱུན་དེ་རྣམས་ཀྱང་།

미되 체나 나와ㄹ 다미닥   뒤찌 징부 출룽 데남깡

원하지 않으면 들리지 않고
감로의 연못과 계곡들도

|ཙ་གྲང་གང་འདོད་དེ་ལ་དེ་ལྟར་འབྱུང་། |ཡིད་བཞིན་འགྲུབ་པའི་ཞིང་དེར་སྐྱེ་བར་ཤོག།

도당 강되 델라 데따ㄹ중   이신 둡빼 싱데ㄹ 께와ㄹ속

원하는 대로 온도가 맞춰지나니,
뜻대로 모두 이뤄지는 그 정토에
왕생하게 하소서.

ཞིང་དེར་རྫོགས་པའི་སངས་རྒྱས་འོད་དཔག་མེད།   །བསྐལ་པ་གྲངས་མེད་སྙུང་ངན་མི་འདའ་བར་བཞུགས།

싱데ㄹ 족빼 쌍계 외빠메   껠빠 당메 냥엔 민다슉

🏵 그곳에 정등각이신 무량광 아미타 부처님께서
반열반에 들지 않으시고 머물러 계시옵는
한량없는 겁 동안

དེ་སྲིད་དེ་ཡི་ཞབས་འབྲིང་བྱེད་པར་ཤོག   །ནམ་ཞིག་འོད་དཔག་མེད་དེ་ཞི་བར་གཤེགས།

데씨 데이 샵딩 제빠ㄹ속   남식 외빠 메데 시와ㄹ셱

제가 항상 섬기고 헌신하게 하소서.
🏵 무량광 아미타 부처님께서 반열반에 드시면

།བསྐལ་པ་གངྒཱའི་ཀླུང་གི་བྱེ་མ་སྙེད།   །གཉིས་ཀྱི་བར་དུ་བསྟན་པ་གནས་པའི་ཚེ།

껠빠 강게 룽기 제마녜   니기 바ㄹ두 뗀빠 네빼체

갠지스강 모래알의 두 배가 되는
겁의 기간 동안 불법이 머문다 하셨나니

།རྒྱལ་ཚབ་སྤྱན་རས་གཟིགས་དང་མི་འབྲལ་ཞིང་། དེ་ཡི་ཡུན་ལ་དམ་ཆོས་འཛིན་པར་ཤོག

걀찹 쩬레 식당 미델싱　　　데이 윤라 담최 진빠ㄹ쇽

저는 보처존이신 관세음보살님을 여의지 않고
그 동안 정법을 호지할 수 있게 하소서.

།སྲོད་ལ་དམ་ཆོས་ནུབ་པའི་ཐོ་རངས་ལ། །སྤྱན་རས་གཟིགས་དེ་མངོན་པར་སངས་རྒྱས་ནས།

쐴라 담최 눕빼 토랑라　　　쩬리 식데 왼빠ㄹ 쌍계네

초야에 성스러운 법이 소멸하고 다음날 새벽에
관세음보살께서 현등각現等覺=成佛 하시어

།སངས་རྒྱས་འོད་ཟེར་ཀུན་ནས་འཕགས་པ་ཡི། །དཔལ་བརྩེགས་རྒྱལ་པོ་ཞེས་བྱར་གྱུར་པའི་ཚེ

쌍계 이세ㄹ 꾼네 팍빠이　　　뻴쩩 걀뽀 셰자ㄹ 규ㄹ빼체

'수승한 광명의 공덕을 쌓은 왕'[光明普至尊積德王]
이라는 명호의 부처님이 되셨을 때

།ཞལ་ལྟ་མཆོད་ཅིང་དམ་ཆོས་ཉན་པར་ཤོག། །སྐུ་ཚེ་བསྐལ་པར་བྱེ་བ་ཁྲག་ཁྲིག་ནི།

셸따 최찡 담최 녠빠ㄹ속 꾸체 껠빠 제와 탁틱니

친견하고 공양 올리며 성법聖法**을 듣게 하소서.**

🪷 **그 부처님의 수명은 96억만 나유타 겁을
머무신다 하시니**

།འདུམ་སྟག་དགུ་བཅུ་རྩ་དྲུག་བཤགས་པའི་ཚེ། །རྟག་ཏུ་ཞབས་འབྲིང་བསྙེན་བཀུར་བྱེད་པ་དང་།

붐탁 굽쭈 자둑 슉빼체 딱뚜 샵딩 녠꾸ㄹ 제빠당

**그동안 제가 항상 공경하고 섬기며,
'잊지 않는 다라니' 에 의해**

།མི་བརྗེད་གཟུངས་ཀྱིས་དམ་ཆོས་འཛིན་པར་ཤོག །སྱུང་ངན་འདས་ནས་དེ་ཡི་བསྟན་པ་ནི།

미제 숭기 담최 진빠ㄹ속 냥엔 데네 데이 뗀빠니

바른 법을 호지하게 하소서.

🪷 **그 부처님이 반열반에 드신 이후**

ཁ
|བསྐལ་པ་དུང་ཕྱུར་དྲུག་དང་བྱེ་བ་སྲག|

껠빠 둥추ㄹ 둑당 제바탁

|འབུམ་ཕྲག་གསུམ་གནས་དེ་ཚེ་ཚོས་འཛིན་ཅིང|

붐탁 쑴네 데체 최진찡

그 가르침은 6억 3천 30만 겁에 걸쳐
존속한다 하시니, 그 동안 저도
바른 법 일체를 호지하며

|མཐུ་ཆེན་ཐོབ་དང་རྒྱ་ཆུ་མི་འབྲལ་ཤོག|

투첸 톱당 닥뚜 미델속

|དེ་ནས་མཐུ་ཆེན་ཐོབ་དེ་སངས་རྒྱས་ནས|

데네 투첸 톱데 쌍계네

대세지보살님을 여의지 않게 하소서.
이후 대세지보살님께서 성불하시어

|དེ་བཞིན་གཤེགས་པ་རབ་ཏུ་བརྟན་པའི|

데신 셱빠 랍뚜 뗀빠니

|ཡོན་ཏན་ནོར་བུ་བརྩེགས་པའི་རྒྱལ་པོར་གྱུར|

욘뗀 노ㄹ부 짹빼 걀뽀ㄹ규ㄹ

'견고한 공덕의 보배를 쌓은 왕'[善住妙寶山王]이
라는 명호의 부처님이 되시어, 수명과 불법이

ཀྱི་ཆེ་བསྐུལ་པ་སྒྲུན་རས་གཟིགས་དང་མཚུངས། སངས་རྒྱས་དེ་ཡི་ཁྱག་ཏུ་ཤབས་འབྲིང་ཞེད།

꾸체 뗀빠 쩬레 식당냠   쌍계 데이 딱뚜 샵딩제

관세음보살님의 경우와 같으시다 하시니,
그 동안 제가 항상 공경하고 섬기며

མཆོད་བས་མཆོད་ཅིང་དམ་ཆོས་ཀུན་འཛིན་ཤོག། དེ་ནས་བདག་གི་ཆེ་དེ་བརྗེས་མ་ཐག།

최빼 최찡 담최 꾼진속   데네 닥기 체데 제마탁

공양을 올리고, 성스러운 가르침을
호지하게 하소서.
🐚 이후 제 자신이 깨달음을 이룰 때,
그 국토가 예토에서 정토로 장엄되자마자

ཞིང་ཁམས་དེ་འམ་དག་པའི་ཞིང་གཞན་དུ། བླ་མེད་རྫོགས་པའི་སངས་རྒྱས་ཐོབ་པར་ཤོག།

싱캄 데암 닥빼 싱셴두   라메 족빼 쌍계 톱빠ㄹ속

저 정토에서 혹은 다른 정토에 왕생하여

위없는 완전한 보리를 이루게 하소서.

ཇོ་གས་སང་རྒྱས་ནས་ཆེ་དཔག་མེད་པ་ལྟར།   །མཆན་ཐོས་ཅམ་གྱིས་འགྲོ་ཀུན་སྨིན་ཆེང་གྲོལ།

족상 계네 체빡 메빠따ㄹ   첸퇴 잠기 도꾼 민찡돌

정각을 이루게 되면, 무량수
아미타 부처님처럼 명호만 들어도
유정들이 성숙과 해탈을 얻게 되고,

།སྤྲུལ་པ་གྲངས་མེད་འགྲོ་བ་འཇེན་པ་སོགས།   །འབད་མེད་ལྷུན་གྲུབ་འགྲོ་དོན་དཔག་མེད་ཤོག།།

뜰빠 당메 도와 덴빠속   베메 훈둡 도뙨 빡메속

무수한 화신으로 중생을 인도하는 등
애씀 없이 무한한 이타를 이루게 하소서.

།དེ་བཞིན་གཤེགས་པའི་ཆེ་དང་བསོད་ནམས་དང་།   །ཡོན་ཏན་ཡེ་ཤེས་གཟི་བརྗིད་ཆད་མེད་པ།

데신 셱빼 체당 쏘남당   욘뗀 예셰 시지 체메빠

여래의 수명과 복덕, 공덕과 지혜,
위광威光이 무한하신 님,

།ཚེ་སྐུ་སྟོབས་པ་བཟང་ལས་འོད་དཔག་མེད།

최꾸 낭와 타예 외빡메

ཚེ་དང་ཡེ་ཤེས་དཔག་མེད་བཅོམ་ལྡན་འདས།

체당 예셰 빡메 쫌덴데

법신이신 무량광 아미타 부처님,
수명과 지혜가 헤아릴 수 없는
세존이시여,

།གང་ཞིག་ཁྱེད་ཀྱི་མཚན་ནི་སུས་འཛིན་པ།

강식 켸끼 첸니 쉬진빠

།སྔོན་གྱི་ལས་ཀྱི་རྣམ་སྨིན་མ་གཏོགས་པ།

왼기 레끼 남민 마똑빠

「누구라도 당신의 명호를 호지하는 이는,
과거의 업보[異宿果] 이외에

ཏི་ཆུ་དུག་མཚོན་གནོད་སྦྱིན་སྲིན་པོ་སོགས། ཨཛིགས་པ་ཀུན་ལས་སྐྱོབ་པར་ཐུབ་པས་གསུངས།

메추 둑촌 뇌진 씬뽀쏙   직빠 꾼레 꼽빠ㄹ 툽빼쑹

불, 물, 독, 무기, 야차, 나찰 등의
모든 위험에서 보호된다」라고 하셨나니,

ཧ་དག་ནི་ཁྱེད་ཀྱི་མཚན་འཛིན་ཕྱག་འཚལ་བས། ཨཛིགས་པ་དང་སྡུག་བསྔལ་ཀུན་ལས་བསྐྱབ་མཛད་གསོལ།

닥니 켸끼 첸진 착챌외   직 당 둑엘 꾼레 깝제쏠

제가 그 명호를 지니고 예경함으로써
모든 위험과 고통에서 보호받게 하시고

ཏི་བཀྲ་ཤིས་ཕུན་སུམ་ཚོགས་པར་བྱེད་ཀྱི་སྟོབས། སངས་རྒྱས་སྐུ་གསུམ་བརྙེས་པའི་བྱིན་རླབས་དང་།

따시 푼쑴 촉빠ㄹ 진길롭   쌍계 꾸쑴 녜빼 진랍당

길상 원만하도록 가피하여 주소서.
🪷 부처님이 삼신을 얻으신 평등한 가지加持와

།ཆོས་ཉིད་མི་འགྱུར་བདེན་པའི་བྱིན་རླབས་དང་། །དགེ་འདུན་མི་ཕྱེད་འདུན་པའི་བྱིན་རླབས་ཀྱིས།

최니 미규ㄹ 덴빼 진랍당   겐뒨 미체 뒨빼 진랍끼

법성의 변함없는 진실의 가지와
화합된 승가의 희망의 가지에 의해

།ཇི་ལྟར་སྨོན་ལམ་བཏབ་བཞིན་འགྲུབ་པར་ཤོག།།

지따ㄹ 뫼람 땁신 둡빠ㄹ속

서원한 그대로 이루어지게 하소서.

✿

།དཀོན་མཆོག་གསུམ་ལ་ཕྱག་འཚལ་ལོ། །དད་ན། །པ་ཙྩི་ཡ་ལྔ་ཕོ་དྲན་ཡེ་སྡུ་དྲི།

뀐촉 쑴라 착챌로 따드야타 빤짠드리야 아와
보다나예 쓰와하.

"삼보님께 예경드리나이다.
즉 다섯 가지 존재의 다발인 오온을 깨치게

하소서, 쓰와하."(세번)

✹

།སྨོན་ལམ་འགྲུབ་པའི་གཟུངས་སོ།
묀람 둡빼 숭쏘

서원을 성취하는 다라니

།དཀོན་མཆོག་གསུམ་ལ་ཕྱག་འཚལ་ལོ།ན་མོ་མཉྫུ་ཤྲཱི་ཡེ་ན་མོ་སུ་ཤྲཱི་ཡེ་ན་མོ་ཨུཏྟམ་ཤྲཱི་ཡེ་སྭཱ་ཧཱ།

" 꾄촉 쑴라 착챌로 나모 만주시리예 나모 쑤시리예
   나모 웃따마 시리예 쓰와하."

"삼보님께 예경하나이다.
 문수사리께 예경하나이다.
 훌륭한 길상에 예경하나이다.
 위없는 길상에 예경하나이다, 쓰와하."(세번)

이렇게 말하고 절을 세 번 하면
십만 번 절한 것과 같다고 하셨습니다.
백 번 또는 할 수 있는 만큼 절을 하고,
최소한 일곱 번 절을 합니다.

이 발원문을 매일 독송하거나
그보다 못하면 매달 또는 매년,
그렇지 않으면 최소한 시간이 날 때마다

극락정토를 떠올리며 무량광 아미타 부처님께 합장하고
일념의 신심으로 독송하면
현생의 장애가 소멸하고 이생에서 몸과 목숨이 다한 뒤
틀림없이 극락정토에 태어날 것입니다.

이 극락정토 발원문은
『무량수경』, 『정토경』, 『법화경』,
「불멸의 북소리」 등을 바탕으로 지은 것입니다.
비구 '라가 아샤'께서 지으신 이 발원문에 의해
많은 유정들이 극락정토에 왕생하여지이다.

무량수여래 근본다라니

唐 三藏 不空 譯音

나모禮敬 라뜨나-뜨라야야三寶, 나맣禮敬 아르야- 아미따바야聖阿彌陀 따타가따야如來 아르하떼應供 쌈먁쌈붓다야正遍知覺. 따드야타卽說呪曰 : 옴唵, 아므리떼甘露 아므리또甘露 드바뷔發生, 아므리따甘露 쌈바뷔正發生, 아므리따甘露 가르베藏, 아므리따甘露 싯데成就, 아므리따甘露 떼제威光, 아므리따甘露 뷔끄람떼奮迅, 아므리따甘露 뷔끄람따奮迅 가미네騰躍, 아므리따甘露 가가나虛空 끼르띠까레好名聞, 아므리따甘露

둔두비-쓰봐레天鼓音聲, 싸르봐르타一切義 싸다네成就, 싸르봐-까르마一切業 끌레샤煩惱 끄사얌까레滅盡, 쓰와하圓滿成就. 옴唵 아므리따甘露 떼제威光 하라作願 훔吽.

비로자나불
대관정 광명진언

唐 三藏 不空 譯音

옴唵 아모가不空 봐이로짜나遍照 마하무드라大法印 마니寶珠 빠드마蓮華 즈봘라光明 쁘라봐릇따야運轉 훔吽.

발 일체업장근본
득생정토 다라니

宋 天竺三藏 求那跋陀羅 譯音

나모敬禮 아미따바야阿彌陀 따타가따야如來. 따드야타卽說呪曰 : 아므리또甘露 드바뷔發生, 아므리따甘露 싯담바뷔生起成就, 아므리따甘露 뷔끄란뗴奮迅, 아므리따甘露 뷔끄란따奮迅 가미네騰躍 가가나虛空 끼르따까레名稱 쓰와하成就.

무량수경우바제사원생게
無 量 壽 經 優 波 提 舍 願 生 偈

婆藪槃豆(世親) 菩薩 지음

元魏 天竺 三藏 菩提流支 漢譯

세존이시여, 저는 일심으로
온 시방(十方)에 걸림 없는 빛이신
부처님[無礙光如來]께 귀명하며 원하옵나니
제가 안락국(安樂國)에 태어나게 하소서.

世尊我一心, 歸命盡十方, 無碍光如來, 願生安樂國。

제가 수다라(修多羅)의
진실한 공덕상에 의지하여

사뢰오며 발원하는 게(願偈)와 총지(總持)가
부처님 가르침에 상응하게 하소서.

我依修多羅, 眞實功德相, 說願偈摠持, 與佛敎相應。

저 [극락] 세계의 모습을 관해 보면
삼계도(三界道)보다 훨씬 뛰어나며
궁극적으로 허공과 같아서
광대하고 끝이 없나이다.

觀彼世界相, 勝過三界道, 究竟如虛空, 廣大無邊際。

바른 길과 대자비와
출세간의 선근이 생겨나고
깨끗한 광명이 원만 구족함은
마치 거울에 해와 달의 비침 같나이다.

正道大慈悲, 出世善根生, 淨光明滿足, 如鏡日月輪。

온갖 진귀한 보배의 성품을 갖추고
미묘한 장엄을 구족하였으며
티끌 없는 빛이 눈부시게 빛나
밝고 깨끗하게 세간을 비추며

備諸珍寶性, 具足妙莊嚴, 無垢光焰熾, 明淨曜世閒。

보배 성품의 공덕을 갖춘 풀이
부드럽게 좌우로 산들거려
닿으면 무한한 기쁨이 생겨나니
가전린타(迦旃隣陀)보다 뛰어나나이다.

寶性功德草, 柔軟左右旋, 觸者生勝樂, 過迦旃鄰陁。

천만 가지 보배 꽃이
연못과 흐르는 샘을 가득 덮었고
부드러운 바람이 꽃잎을 흔들면
서로 엇갈리며 어지러이 반짝이나이다.

寶華千萬種, 彌覆池流泉, 微風動華葉, 交錯光亂轉。

궁전과 모든 누각은
시방을 걸림 없이 바라볼 수 있고
온갖 나무들의 서로 다른 빛과 색이
보배의 난간을 두루 둘러싸고 있나이다.

　　宮殿諸樓閣, 觀十方無礙, 雜樹異光色, 寶欄遍圍繞。

무량한 보배는 서로 맞닿았고
나망(羅網)은 허공에 두루하였으며
갖가지 방울이 서로 부딪치면
널리 미묘한 법의 소리를 토해내나이다.

　　無量寶交絡, 羅網遍虛空, 種種鈴發響, 宣吐妙法音。

화려한 옷이 비 내리듯 장엄하며
한량없는 향기가 두루 풍기고
부처님의 맑고 깨끗한 태양 같은 지혜의 빛이
세간의 어리석은 어둠을 없애주나이다.

　　雨華衣莊嚴, 無量香普熏, 佛慧明淨日, 除世癡闇冥。

범천 같은 목소리와 말은 깊고 그윽하며
미묘하여 시방에 들리옵나니,
바른 깨달음 이루신 아미타께오서
법왕으로서 잘 주지(住持)하시나이다.

梵聲語深遠, 微妙聞十方, 正覺阿彌陁, 法王善住持。

여래의 깨끗하고 빛나는 대중들은
정각(正覺)의 꽃으로 화현하여 생겨나서
부처님 법의 맛을 사랑하고 즐기고
선삼매(禪三昧)를 음식으로 삼으며

如來淨華衆, 正覺華化生, 愛樂佛法味, 禪三昧爲食。

몸과 마음의 번뇌를 영원히 여의어서
즐거움 누리는 것이 항상하여 끊임이 없고
대승의 선근계(善根界)는
평등하여 명성을 혐오하는 자가 없으며

永離身心惱, 受樂常無閒, 大乘善根界, 等無譏嫌名。

여인이나 신체가 불구인 자

두가지 극단에 치우친 종성[二乘種]으로 태어나지 않으며,

중생이 원하고 즐기는 바를

모두 능히 만족하나이다.

　　女人及根缺, 二乘種不生, 衆生所願樂, 一切能滿足。

그러므로 저는 아미타불 국토에

태어나기를 원하오니,

무량한 광명이신 큰 보배왕께서

미묘하고 깨끗한 연화대 위에 계시나이다.

　　故我願往生, 阿彌陁佛國, 無量大寶王, 微妙淨花臺。

상호의 빛은 1심(尋)이나 빛나고

색상은 뭇 중생을 뛰어넘으며

여래의 미묘한 목소리는

범천을 울려 시방에서 들리나이다.

　　相好光一尋, 色像超群生, 如來微妙聲, 梵響聞十方。

땅·물·불·바람과
허공과 똑같아 분별이 없으시고,
동요가 없는 천·인(天人)의 무리는
청정한 지혜의 바다에서 태어나나이다.

同地水火風, 虛空無分別, 天人不動衆, 淸淨智海生。

수미산왕과 같이
뛰어나고 미묘하고 허물이 없는
천·인 장부의 무리들이
공경히 둘러싸며 우러르나이다.

如須彌山王, 勝妙無過者, 天人丈夫衆, 恭敬繞瞻仰。

부처님의 본원력을 관찰하며
헛되이 지나치지 않는 이는
능히 공덕의 큰 보배 바다에서
속히 만족을 얻게 하시나이다.

觀佛本願力, 遇無空過者, 能令速滿足, 功德大寶海。

안락국은 청정하여
항상 티끌 없는 바퀴가 구르는 것 같나니
화현하신 불·보살은
태양이 수미산에 주지(住持)하는 것과 같나이다.

安樂國清淨, 常轉無垢輪, 化佛菩薩日, 如須彌住持。

티끌 없는 장엄한 빛은
한 생각과 한때에
모든 부처님의 모임을 두루 비추어
모든 중생들을 이롭게 하나이다.

無垢莊嚴光, 一念及一時, 普照諸佛會, 利益諸群生。

하늘의 음악과 아름다운 꽃의 옷가지를 비 내리고
미묘한 향 등의 공양을 올리며
부처님의 온갖 공덕을 찬탄하지만
분별하는 마음이 없나이다.

雨天樂花衣, 妙香等供養, 讚佛諸功德, 無有分別心。

어떤 세계엔들

부처님 법 공덕의 보배가 없으리오마는

저는 모두 원하옵나니 왕생하여

부처님 법 현시하는 것이 부처님과 같게 하소서.

何等世界無, 佛法功德寶, 我皆願往生, 示佛法如佛。

제가 논을 짓고 게송을 말씀하온 인연으로

원하옵나니, 아미타 부처님을 친견하옵고

두루 모든 중생이 함께

안락국에 왕생하여지이다.

我作論說偈, 願見彌陁佛, 普共諸衆生, 往生安樂國。

『무량수경』의 말씀[章句]을 게송으로 설하는 것을 모두 마친다.

無量壽修多羅章句, 我以偈摠說竟。

무량한 빛과
영원한 생명의 삶을 위한

극락정토 발원문

초판인쇄 불기2569(2025)년 1월 23일
초판발행 불기2569(2025)년 2월 1일

지은이 라가 아샤(까르마 착메)
편 역 석혜능(텐진 윗쑹)
펴낸이 노계왕
펴낸곳 도서출판 부다가야
        울산광역시 울주군 웅촌면 은하1길 16-3
        보리원 람림학당 전화. 052)227-4080
등록   2024년 7월 23일
등록번호 제 373-2024-000006호

편집디자인 대한기획
        전화. 051)866-7818 · 팩스. 051)864-7075
        E-mail. daehan5680@daum.net

ISBN   979-11-988735-2-1 (03220)

값 8,000원